Der kleine Singvogel

— Das Musikwerk für die bayerische Grundschule —

bearbeitet von Hans Amann
Josef Richter
Joseph Vogel
illustriert von Herbert Lentz

Ansbacher Verlagsgesellschaft mbH & Co.,
Schulbuch KG,
8800 Ansbach, Postfach 1121

Vom Bayerischen Staatsministerium für Unterricht und Kultus zum lernmittelfreien Gebrauch an Grundschulen zugelassen.

1. Auflage 1982 3 2 1 0 84 83 82

Notensatz: Jubilate-Verlag, Eichstätt
Druck: Aumüller KG, Regensburg

ISBN-3-88388-**300**-0

Inhaltsverzeichnis

•‿• = auf Tonkassette erhältlich
△ = mit einfachen Begleitsätzen
( ) = empfohlene Jahrgangsstufe
S. 134 = Inhaltsverzeichnis der Liedanfänge von A - Z

Zeichenerklärung für die Orff'schen Instrumente

Fl	=	Flöte	Schst	=	Schlagstäbe
Gl	=	Glockenspiel	Scht	=	Schellentrommel
Hb	=	Holzblock	St	=	Stabspiele
M	=	Metallophon	T	=	Trommel
Pk	=	Pauke	Tr	=	Triangel
R	=	Rassel	X	=	Xylophon
Schb	=	Schellenband			

Morgen und Abend

Lieber Gott, ich bitte dich

M: W. Deutsch
T: W. Fanderl

Bruder Jakob, Bruder Jakob Kanon zu 4 Stimmen *volkstümlich*

Im Wald ist schon der helle Tag

M. + T.: H. Baumann

2. Die Amseln melden sich zur Stell, hoetjoiri, die jungen Fichten werden hell, hoetjoiri. Der Kuckuck schreit im Holze draußen, unser fröhlicher Gesell, im Morgenwind die Wipfel sausen, hoetjoiri.

3. Jetzt kommt herein die beste Stund, hoetjoiri, die Tannen blitzen auf im Grund, hoetjoiri. Die Wasser von den Gipfeln springen, und der Morgen tut sich kund; der ganze Berg fängt an zu singen, hoetjoiri.

Nun wollen wir singen das Abendlied

aus dem Odenwald

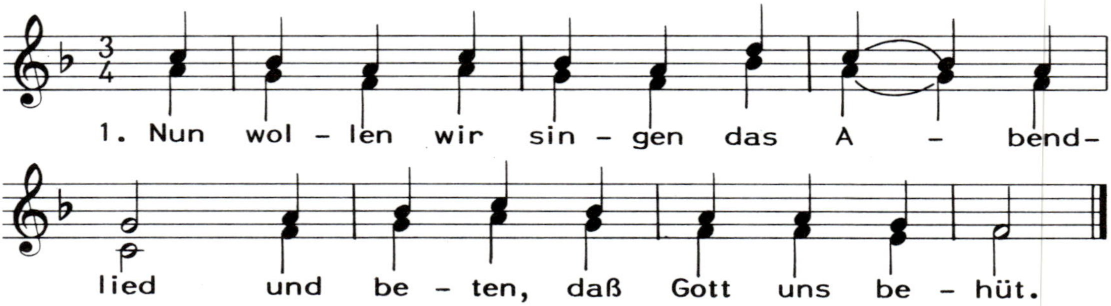

2. Es weinen viel Augen wohl jegliche Nacht, bis morgen die Sonne erwacht.
3. Es wandeln viel Sterne am Himmelsrund, wer sagt ihnen Fahrweg und Stund?
4. Daß Gott uns behüt, bis die Nacht vergeht, kommt, singet das Abendgebet!

Kein schöner Land in dieser Zeit

Volkslied

2. Da haben wir so manche Stund' gesessen da in froher Rund'
   |: und taten singen, die Lieder klingen im Eichengrund. :|
3. Daß wir uns hier in diesem Tal noch treffen so viel hundertmal,
   |: Gott mag es schenken, Gott mag es lenken, er hat die Gnad'. :|
4. Jetzt, Brüder, eine gute Nacht! Der Herr im hohen Himmel wacht,
   |: in seiner Güten uns zu behüten, ist er bedacht. :|

Weißt du, wieviel Sternlein stehen

altes Kinderlied

2. Weißt du, wieviel Mücklein spielen in der heißen Sonnenglut? Wieviel Fischlein auch sich kühlen in der hellen Wasserflut? Gott, der Herr, rief sie mit Namen, daß sie all ins Leben kamen,
|: daß sie nun so fröhlich sind. :|

3. Weißt du, wieviel Kinder frühe stehn aus ihrem Bettlein auf, daß sie ohne Sorg und Mühe fröhlich sind im Tageslauf? Gott im Himmel hat an allen seine Lust, sein Wohlgefallen,
|: kennt auch dich und hat dich lieb. :|

Der Mond ist aufgegangen

M: J. A. P. Schulz
T: M. Claudius

2. Wie ist die Welt so stille und in der Dämmrung Hülle so traulich und so hold, als eine stille Kammer, wo ihr des Tages Jammer verschlafen und vergessen sollt.

3. Seht ihr den Mond dort stehen? Er ist nur halb zu sehen und ist doch rund und schön. So sind wohl manche Sachen, die wir getrost belachen, weil unsre Augen sie nicht seh'n.

4. So legt euch denn, ihr Brüder, in Gottes Namen nieder, kalt ist der Abendhauch. Verschon' uns, Gott, mit Strafen und laß uns ruhig schlafen und unsern kranken Nachbar auch.

Wir loben und danken

Ist alles wohl bestellt

M + T: Greinsberger

2. Und steigt aus grüner Au die Lerch' ins Himmelsblau, bringt sie in schönster Weis' dem Schöpfer Dank und Preis.

3. Ja sieben Tage lang sich Gott das Werk ersann und hat dann uns gestellt in diese schöne Welt.

Gottes Welt, wohl bestellt

altes Volkslied

2. Ackerfeld, wohl bestellt, wieviel zählst du Körnlein?

3. Dunkler Wald, grün gestalt't, wieviel zählst du Zweiglein?

4. Sonnenschein, klar und rein, wieviel zählst du Fünklein?

5. Tiefes Meer, weit umher, wieviel zählst du Tröpflein?

6. Ewigkeit, lange Zeit, wieviel zählst du Stündlein?

Lobet und preiset ihr Völker den Herrn Kanon zu 3 Stimmen *Volksgut*

Gott hat alles recht gemacht

2. Die Blumen auf Erden aufwachsen mit Freud, alles muß werden, wenn kommet die Zeit.
3. Der Weinstock bringt Reben, die Bäum' tragen Frücht, alles muß leben, wie Gott es befiehlcht.

Das Frühjahr fängt an

Jetzt fängt das schöne Frühjahr an

aus dem Rheinland

2. Es blühen Blümlein auf dem Feld, sie blühen weiß, blau, rot und gelb; es gibt nichts Schöners auf der Welt.

3. Jetzt geh' ich über Berg und Tal, da hört man schon die Nachtigall auf grüner Heid' und überall.

Es tönen die Lieder Kanon zu 3 Stimmen

aus Schlesien
T: H. Hoffmann von Fallersleben

Nun scheint die Sonne, so hell sie kann

aus Norwegen
TÜ: B. Heuschober

2. Ach, armer Schneemann, was wird aus dir? "Lauter Wasser, lauter Wasser! Von Hals und Nase schon rinnt es hier immer nasser, immer nasser!" Die Zeit vergeht, kommt der Frühling her; die Lerche singt: "Hier ist kein Schneemann mehr, lauter Wasser, lauter Wasser."

3. Die Schwalbe ruft: "Er ist nicht mehr dort
vor dem Walde, vor dem Walde!"
Der Rabe schreit: "Er ist endlich fort
vor dem Walde, vor dem Walde!"
Der Bach, der fließt durch das helle Land,
die Blumen blühen, wo der Schneemann stand,
vor dem Walde, vor dem Walde.

Singt ein Vogel

M + T: H. Lau

2. Blüht ein Blümlein, blüht ein Blümlein, blüht im Märzenwald;
kommt der helle, ...

3. Scheint die Sonne, scheint die Sonne, scheint im Märzenwald;
kommt der helle, ...

Alle Vögel sind schon da

aus Schlesien
T: H. Hoffmann von Fallersleben

2. Wie sie alle lustig sind, flink und froh sich regen! Amsel, Drossel, Fink und Star und die ganze Vogelschar wünschen uns ein frohes Jahr, lauter Heil und Segen.

3. Was sie uns verkündet nun, nehmen wir zu Herzen: wir auch wollen lustig sein, lustig wie die Vögelein, hier und dort, feldaus, feldein singen, springen, scherzen!

Hört ihr den Vogel schrein Kanon zu 2 Stimmen

M + T: F. Kukuck

Der Kuckuck und der Esel

M: C. F. Zelter
T: H. Hoffmann von Fallersleben

2. Der Kuckuck sprach: "Das kann ich!" und hub gleich an zu schrei'n. |:"Ich aber kann es besser!":| |:fiel gleich der Esel ein.:|

3. Das klang so schön und lieblich, so schön von fern und nah; |:sie sangen alle beide:| |:Kuckuck, Kuckuck, J-a!:|

Auf einem Baum ein Kuckuck

aus dem Bergischen

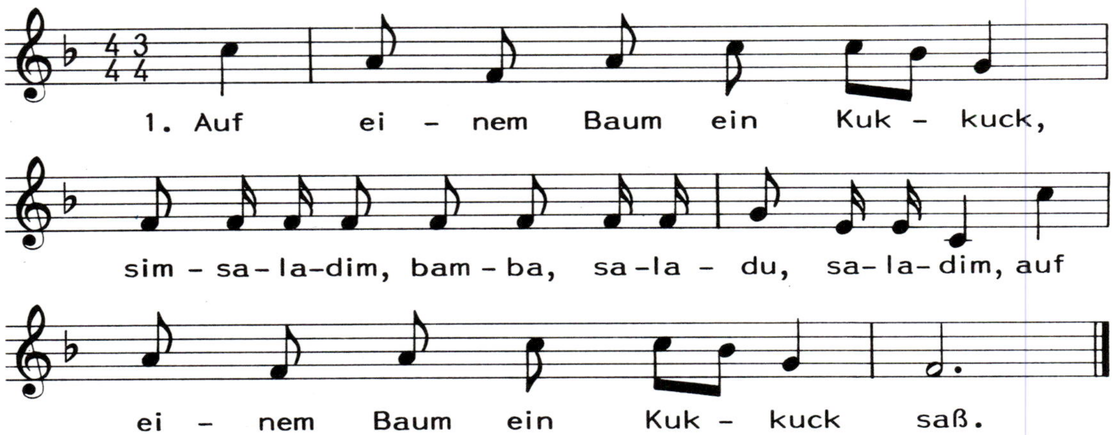

2. Da kam ein junger Jägers ... mann.
3. Der schoß den armen Kuckuck ... tot.
4. Und als ein Jahr vergangen ... war,
5. da war der Kuckuck wieder ... da.

Kleine Lerche, liebe kleine Lerche

aus Kanada

2. Am Hälslein zupf ich dich, am Hälslein zupf ich dich, am Hälslein, am Hälslein, am Köpflein, am Köpflein. Ah!
3. Am Schnäblein zupf ich dich, am Schnäblein zupf ich dich, am Schnäblein, am Schnäblein, am Hälslein, am Hälslein, am Köpflein, am Köpflein. Ah!
4. Am Rücken ...
5. Am Flügel ...
6. Am Füßlein ...

Ein Vogel wollte Hochzeit machen

volkstümlich

2. Die Drossel war der Bräutigam, die Amsel war die Braute.
3. Der Sperber, der Sperber, der war der Hochzeitswerber.
4. Die Lerche, die Lerche, die führt' die Braut zur Kerche.
5. Frau Nachtigall, Frau Nachtigall, die sang mit ihrem schönsten Schall.
6. Der Spatz, der kocht das Hochzeitsmahl, verzehrt die schönsten Bissen all.
7. Der grüne Specht, der grüne Specht, der war des Küchenmeisters Knecht.
8. Die Meisen, die Meisen, die brachten bald die Speisen.
9. Die Finken, die Finken, die brachten was zu trinken.
10. Die Gänse und die Anten, das war'n die Musikanten.
11. Der Pfau mit seinem bunten Schwanz, der führt' die Braut zum Hochzeitstanz.
12. Brautmutter war die Eule, nahm Abschied mit Geheule.
13. Nun ist die Vogelhochzeit aus, und alle ziehn vergnügt nach Haus.

So viel Stern am Himmel stehn

T: H. Schubert

2. So viel Dorn' ein Rosenstock, so viel Haar' ein Ziegenbock, so viel Taler in der Tasche, so viel Tropfen in der Flasche, so viel Flöh' ein Pudelhund,
[: so viel Jahr :] bleib du gesund!

Viel Glück und viel Segen

Kanon zu 4 Stimmen

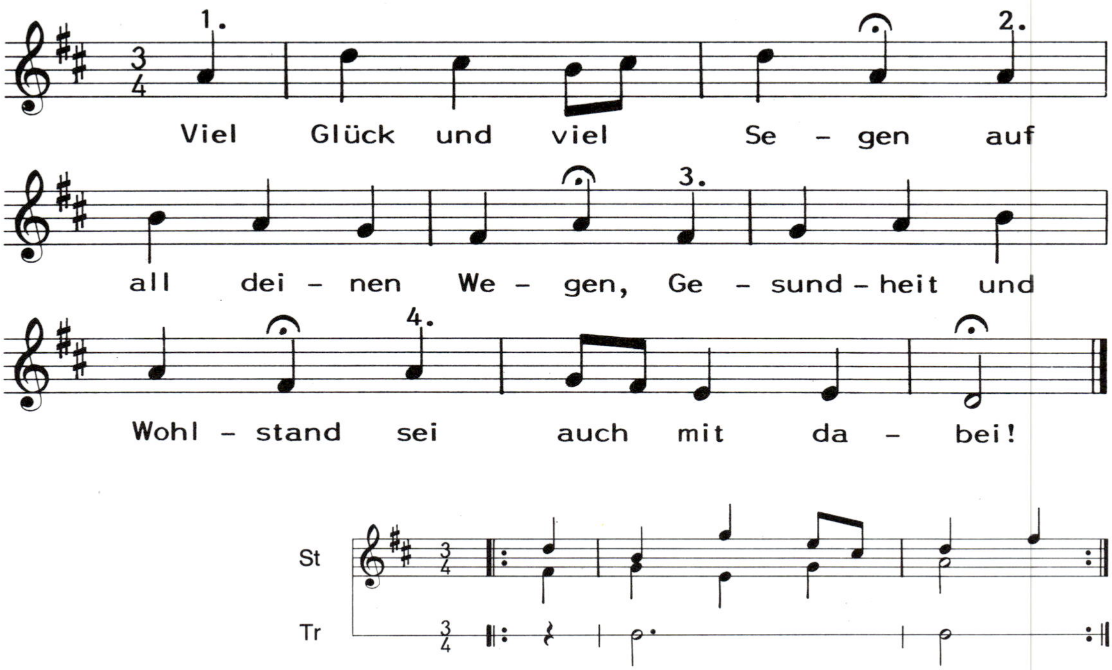

Liebe Mutter, liebe Mutter

M: H. Beuerle
T: R. O. Wiemer

2. Liebe Sonne, liebe Sonne, schein hell und schein klár, und schenke der Mutter ein fröhliches Jahr.

Wir kommen all und gratulieren

Kanon zu 4 Stimmen

M + T: M. Hauptmann

Has, Has, Osterhas

M: R. R. Klein
T: P. Dehmel

2. Has, Has, Osterhas,
mit deinen bunten Eiern!
Der Star lugt aus dem Kasten raus.
Blühkätzchen sitzen um sein Haus.
Wann kommst du Frühling feiern?

3. Has, Has, Osterhas,
ich wünsche mir das Beste:
ein großes Ei, ein kleines Ei,
dazu ein lustig Dideldumdei
Und alles in dem Neste.

Jedes Kind hat eine Mutter

M: W. Matthias
T: R. O. Wiemer

2. Jede Katze hat ein Kätzlein, und das Kätzlein sagt: Miau, meine Mutter ist die Beste, und das weiß ich ganz genau.

3. Jeder Vogel hat ein Liedchen, und das Liedchen, das heißt: Piep! Und wir haben eine Mutter, und die Mutter hat uns lieb.

Bibihenderl

aus Oberbayern

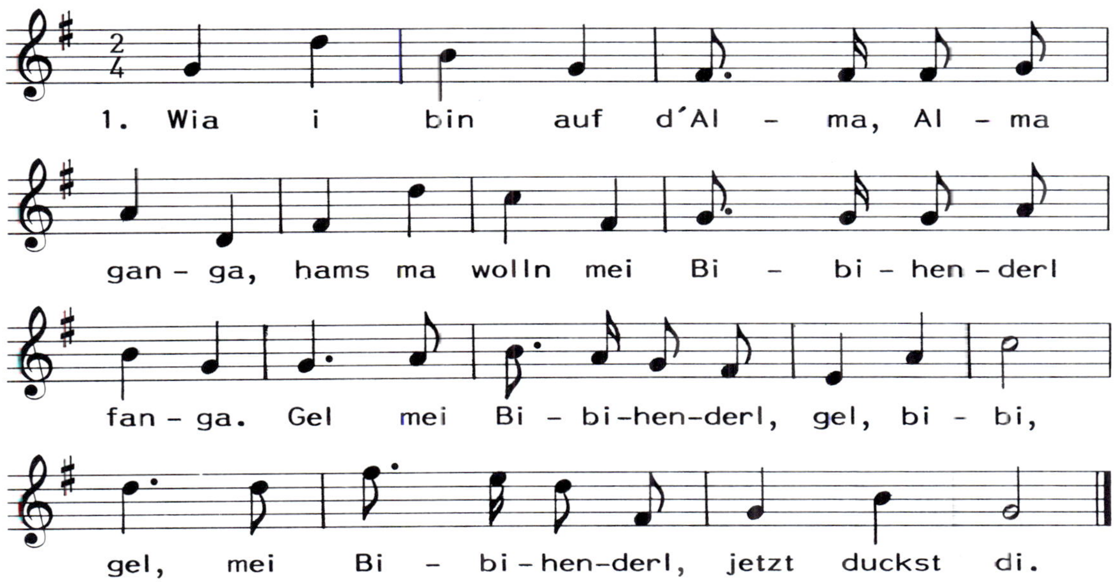

2. Wia i bin in Wald außikemma, hams ma wolln mei Bibihenderl nehma. Gel, mei Bibihenderl, gel bibi, gel, mei Bibihenderl, jetzt duckst di.

3. 's Bibihenderl is an Herd naufgsprunga, hat si seine Pratzerl klein verbrunna. Gel, mei Bibihenderl ...

4. Muß i g'schwind in d' Stadt einilaffa, um fünf Schuß a Bibihenderl kaffa. Gel, mei Bibihenderl ...

April, April

M: F. Möckl
T: K. Haus

Wia lustig is im Winter

altbayrisches Volkslied

2. Kimmt jetzt an anders Wetter, so schlafn ma aufn Feld, verkaafn unsre Bettn, da kriagn ma a brav Geld. Driuljo ...

3. Am Montag tuan ma melkn, am Dienstag tuan ma rührn, am Mittwoch tuan ma d'Striezln von da Alma abaführn. Driuljo ...

Der Sommer ist da

Trarira, der Sommer, der ist da

aus der Pfalz

2. Wir wollen hinter die Hecken und wolln den Sommer wecken.
3. Der Sommer hat gewonnen, der Winter ist zerronnen.

gesprochen

4. Wir wünschen dem Herrn einen goldenen Tisch, auf jeder Eck einen gebackenen Fisch und mitten hinein drei Kannen voll Wein, daß er dabei kann fröhlich sein.

Lachend kommt der Sommer

Kanon zu 3 Stimmen

M + T: C. Bresgen

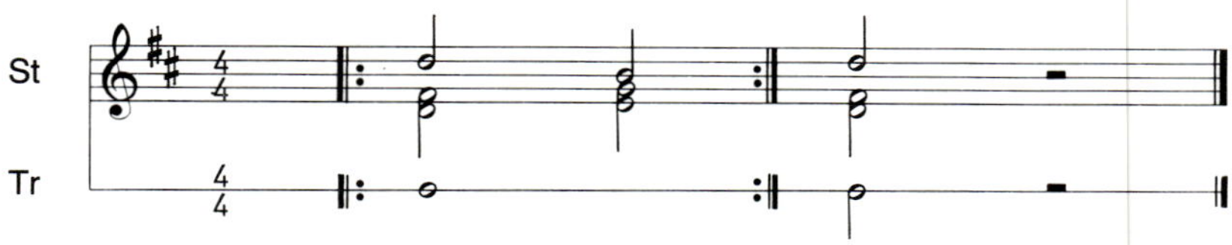

Kommt die liebe Sommerzeit

M + T: H. Poser

2. Wenn du dann den Kuckuck fragst, wie lang du noch leben magst, ruft der Kuckuck, Kuckuck, Kuckuck, der Kuckuck wohl hundertmal.
3. Hast du einen Pfennig dann, wirst du wohl ein reicher Mann, weil der Kuckuck, Kuckuck, Kuckuck, der Kuckuck das machen kann.
4. Hast du einen Pfennig nicht, bleibst du stets ein armer Wicht, doch den Kuckuck, Kuckuck, Kuckuck, den Kuckuck, kümmert's nicht.

Schickt mich die Mutter

aus Norwegen
TÜ: B. Heuschober

2. Über den Graben da ist es entwichen, läuft durch die Wiese und läuft bis zum Teich; da kommt der Fuchs aus dem Walde geschlichen, schnappt sich das Huhn und verschluckt es sogleich. Pack der Teufel dich am Kragen, oh, was werd ich der Mutter nur sagen? Nun darf ich nimmer ...

3. Jetzt werd ich Körner zur Mühle hintragen, bring einen Sack voller Mehl dann nach Haus, und zu der Mutter da werde ich sagen: "Koch eine süße Suppe daraus!" Sind wir beide dann sattgegessen, hat auch die Mutter das Hühnchen vergessen: dann darf ich wieder nach Hause mich wagen, dann darf ich wieder nach Hause zurück.

Vorspiel
Fl
X
1.
2.
Lied
Ende
von Lied bis Ende
St
Tr
Schst

Auf, auf, ihr Wandersleut

aus Nordböhmen
M + T: W. Hensel

2. Ihr liebsten Eltern mein, ich will euch dankbar sein; die ihr mir habt gegeben von Gott ein langes Leben, so gebet mir gleich einer Speis den Segen auf die Reis.

3. Der Tau vom Himmel fällt, hell wird das Firmament; die Vöglein in der Höhe, wenn sie vom Schlaf aufstehen, da singen sie mir zu meiner Freud: lebt wohl, ihr Wandersleut!

Hopp, mei Schimmerl

altbayrisches Volkslied

2. Hopp, mei Schimmerl, hopp, mei Braun', 's Rösserl därf ma ja net hau'n; tua eahm fei' und sag's eahm schö, werd's da Schimmi a vasteh.

3. Hopp, mei Schimmerl, hopp, mei Braun', morgn tean ma Habern bau'n, Habern bau'n und Woaz hoamführn, daß ma guate Knödl kriagn!

Ja, der berg'sche Fuhrmann

aus dem Bergischen

2. Vier breite Räder, die muß sein Wagen hab'n.
3. Eine feste Deichsel, die muß sein Wagen hab'n.
4. Vier starke Rappen, die muß sein Wagen hab'n.
5. Recht viel schöne Gäste, die muß sein Wagen hab'n.

Hei, mein Pferdchen läuft geschwind

aus Frankreich
M: H. Lemmermann
TÜ: I v. Faber du Faur

Der Herbst ist da

Der Herbst ist da

M + T: Überlieferung
T: 3. + 4. H. R. Franzke

2. Der Herbst, der Herbst, der Herbst ist da! Er bringt uns Obst, hei hussassa! Macht die Blätter bunter, wirft die Äpfel runter. Heia hussassa, der Herbst ist da.

3. Der Herbst, der Herbst, der Herbst ist da! Er bringt uns Wein, hei hussassa! Nüsse auf den Teller, Birnen in den Keller. Heia hussassa, der Herbst ist da.

4. Der Herbst, der Herbst, der Herbst ist da!
Er bringt uns Spaß, hei hussassa!
Rüttelt an den Zweigen,
läßt die Drachen steigen.
Heia hussassa,
der Herbst ist da.

Spannenlanger Hansel

altes Kinderlied

2. Lauf doch nicht so närrisch, spannenlanger Hans! Ich verlier' die Birnen und die Schuh' noch ganz. Trägst ja nur die kleinen, nudeldicke Dirn, und ich schlepp' den schweren Sack mit den großen Birn'.

Ein Männlein steht im Walde

M: Volksweise
T: H. Hoffmann von Fallersleben

2. Das Männlein steht im Walde auf einem Bein und hat auf seinem Haupte schwarz Käpplein klein. Sagt, wer mag das Männ ein sein, das da steht im Wald allein mit dem kleinen schwarzen Käppelein?

Ging ein Weiblein Nüsse schütteln

aus Ostpreußen

2. Ging ein Weiblein
[: Himbeern pflücken, :]
riß die Krinolin in Stücken,
sie in Stücken, rums!

3. Hat nicht nur den
[: Rock zerrissen, :]
wird die Schuh auch
[: flicken müssen, :] rums!

In Mutters Stübele

aus dem Breisgau

2. Muß fast erfrieren drin vor lauter - Wind.
3. Wir wollen betteln gehn, es sind uns - zwei.
4. Du nimmst den Bettelsack und ich den - Korb.
5. Ich geh' vors Herrenhaus und du vors - Tor.
6. Ich krieg' ein Apfele und du ein' - Birn.
7. Du sagst "Vergelt es Gott" und ich sag' - "Dank".

Der Sommer, der Sommer, ach Gott, was fang ich an

aus dem Rheinland
TE: G. Wolters

2. Was gestern grün, vergeht geschwind, und durch die Wälder fährt der Wind.
3. Der Herbstwind hat sich eingestellt, er jagt die Blätter übers Feld.
4. Die Welt will weißes Kleid anziehn, die Sonn darf nicht mehr früh aufstehn.

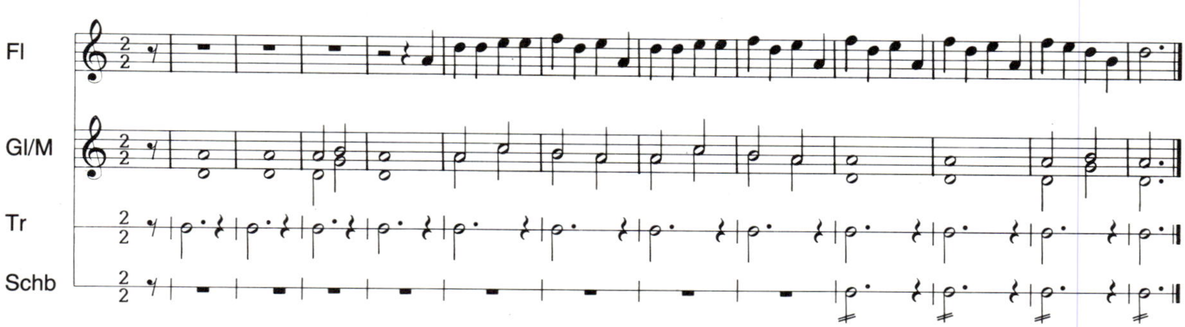

Wind, Wind, blase

M: G. Sichelschmidt
T: R. R. Klein

2. Wind, Wind brause!
Die Maus sitzt hinterm Hause.
Sie blinzelt da aus ihrem Loch.
Die böse Katze fängt sie doch.
Wind, Wind, brause!

3. Wind, Wind, wehe!
Im Walde sind zwei Rehe.
Das eine groß, das andre klein,
so geht es über Stock und Stein.
Wind, Wind, wehe!

4. Wind, Wind, heule!
Im Dach wohnt eine Eule.
Die ärgert sich den ganzen Tag,
daß sie kein Mensch mehr leiden mag.
Wind, Wind, heule!

5. Wind, Wind, leise!
Ein Stern geht auf die Reise.
Und wer ihn sieht dort überm Baum,
dem schenkt er einen schönen Traum.
Wind, Wind, leise!

Leer sind die Felder

aus Dänemark
TÜ: G. Bühnemann

Nebel, Nebel, weißer Hauch

M: W. Pudelko
T: F. A. Blumau

Ich geh mit meiner Laterne

aus Norddeutschland

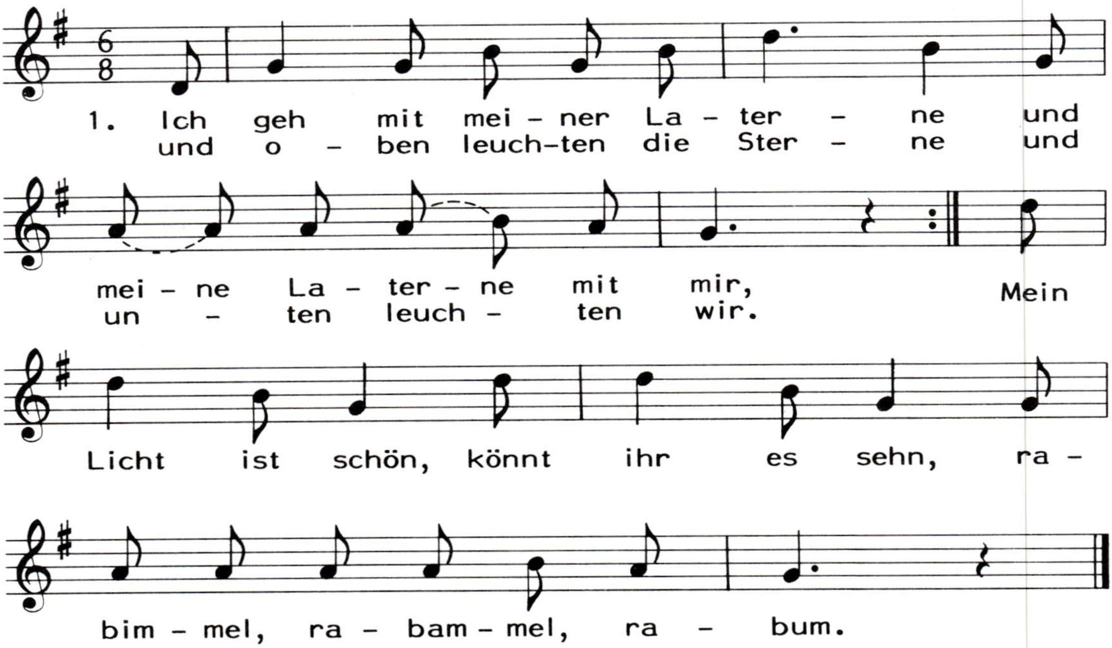

Gl
X
Tr

2. Ich gehe mit meiner Laterne ...
Ich trag mein Licht, ich fürcht mich nicht,
rabimmel, rabammel, rabum.

3. Ich gehe mit meiner Laterne ...
Die Katz miaut, der Hund der schaut,
rabimmel, rabammel, rabum.

4. Ich gehe mit meiner Laterne ...
Der Hahn der kräht, der Wind der weht,
rabimmel, rabammel, rabum.

5. Ich gehe mit meiner Laterne ...
Das Licht geht aus, ich geh' nach Haus,
rabimmel, rabammel, rabum.

6. Der Mond behütet die Sterne,
der Schäfer behütet die Schaf.
Und ich behüt die Laterne, und Gott behütet den Schlaf.
Ich geh zur Ruh, nun schlaf auch du,
rabimmel, rabammel, rabum.

Der Winter ist da

A, a, a, der Winter, der ist da

Volkslied

2. E, e, e, er bringt uns Eis und Schnee! Malt uns gar zum Zeitvertreiben Blumen an die Fensterscheiben! E, e, e, er bringt uns Eis und Schnee!

3. I, i, i, vergiß des Armen nie! Wenn du liegst in warmen Kissen, denk an die, die frieren müssen! I, i, i, vergiß des Armen nie!

4. O, o, o, wie sind die Kinder froh! Sehen jede Nacht im Traume sich schon unterm Weihnachtsbaume. O, o, o, wie sind die Kinder froh!

5. U, u, u, jetzt weiß ich, was ich tu! Hol den Schlitten aus dem Keller, und dann geht es schnell und schneller – u, u, u – den Berg hinab: (rufen) Juchhu!

Morgen wolln wir Schlitten fahren

Kinderlied

Heut gehn ma auf d'Höh

T + M: O. Dengg

2. Fahrst du mit an Schuß übers Bichei aba, übers Bichei aba, übers Bichei aba, bei da Reib schmeißt's di gern von dein Schlidn aba, ho la ria tei ...

3. Da reißt's di hint umi und d' Haxn auf d' Höh, und d' Haxn auf d' Höh, und d' Haxn auf d' Höh, es steckt di glei eini mitn Kopf tiaf in Schnee, ho la ria tei ...

4. Aba mach da nix draus, du kimst scho wieda auf, du kimmst scho wieda auf, du kimmst scho wieda auf, nacha sitzt wieda aufi und paßt halt guat auf, ho la ria tei ...

Es schneielet, es beielet

aus der Schweiz

2. Juchhe, juchhe, erstarrt sind Bach und See! Herbei von aller Seiten aufs glitzerblanke Eis, dahin, dahin zu gleiten nach alter, froher Weis!

3. Juchhe, juchhe, jetzt locken Eis und Schnee! Der Winter kam gezogen mit Freuden mannigfalt, spannt seinen weißen Bogen weit über Feld und Wald.

Zizibe, zizibe, 's Vogerl singt net bei dem Schnee

T: L. Fanderl
H. Scheck
M: W. Fanderl

2. Zizibe, Zizibe, 's Vogerl hungert bei dem Schnee, stra'n ma eahm viel guate Kern, de mag's Vogerl gar so gern.

Winter ade

Volkslied
T: H. Hoffmann von Fallersleben

2. Winter, ade! Scheiden tut weh. Gerne vergeß ich dein, kannst immer ferne sein. Winter, ade! Scheiden tut weh.

3. Winter, ade! Scheiden tut weh. Gehst du nicht bald nach Haus, lacht dich der Kuckuck aus. Winter, ade! Scheiden tut weh.

Advent und Weihnachten

Wir sagen euch an

2. Wir sagen euch an den lieben Advent. Sehet, die zweite Kerze brennt! So nehmet euch eins um das andere an, wie auch der Herr an uns getan.

3. Wir sagen euch an den lieben Advent. Sehet, die dritte Kerze brennt! Nun tragt eurer Güte hellen Schein weit in die dunkle Welt hinein.

4. Wir sagen euch an den lieben Advent. Sehet, die vierte Kerze brennt! Gott selber wird kommen, Er zögert nicht. Auf, auf, ihr Herzen und werdet licht!

Macht hoch die Tür

M: Halle, 1704
T: G. Weißel, 1623

2. Er ist gerecht, ein Helfer wert, Sanftmütigkeit ist sein Gefährt; sein' Königskron ist Heiligkeit, sein Zepter ist Barmherzigkeit; all unsre Not zum End er bringt, derhalben jauchzt, mit Freuden singt: Gelobet sei mein Gott, mein Heiland groß von Tat!

3. O wohl dem Land, o wohl der Stadt, so diesen König bei sich hat! Wohl allen Herzen insgemein, da dieser König ziehet ein! Er ist die rechte Freudensonn, bringt mit sich lauter Freud und Wonn. Gelobet sei mein Gott, mein Tröster früh und spat!

Maria durch ein Dornwald ging

aus dem 16. Jh.

2. Was trug Maria unter ihrem Herzen? Kyrieleison. Ein kleines Kindlein ohne Schmerzen, das trug Maria unter ihrem Herzen. Jesus und Maria.

3. Da hab'n die Dornen Rosen getrag'n. Kyrieleison. Als das Kindlein durch den Wald getrag'n, da hab'n die Dornen Rosen getrag'n. Jesus und Maria.

Laßt uns froh und munter sein

aus dem Hunsrück

2. Bald ist unsre Schule aus, dann zieh'n wir vergnügt nach Haus.
3. Dann stell' ich den Teller auf, Niklaus legt gewiß was drauf.
4. Steht der Teller auf dem Tisch, sing' ich nochmal froh und frisch.
5. Wenn ich schlaf', dann träume ich: Jetzt bringt Niklaus was für mich.
6. Wenn ich aufgestanden bin, lauf' ich schnell zum Teller hin.
7. Niklaus ist ein braver Mann, den man nicht g'nug loben kann.

Heiliger Nikolaus, du braver Mo

2. Hast in dein Sackerl drinn Apferl und Kern, viel Nussn und Feign, mei, de mag i gern!
3. Sag zu dein Kramperl glei, bin no so kloa, er derf mi fei ja net in Sack einitoa!

Wir ziehen daher

2. Wir ziehen daher übern Bauern sei' Eck, wir hörn's scho, wir sehgn's scho, sie san scho im Bett.
3. Wir wünschen an Bauern an goldenen Wagn, daß er recht gemüatlich in Himml ko fahrn.
4. Wir wünschen der Bäurin vieltausendmal Glück, daß si koa Henderl a Haxerl abbricht.
5. Wir wünschen der Hausdirn an goldenen Ring, in da Mittn a Sterndl, liegt's Christkindl drin.
6. Wir wünschen euch allen glückselige Zeit, so lang euch der Herrgott das Leben verleiht.

O lieber Hauswirt mein

aus Österreich

Hauswirt

2. Wer klopft an meiner Tür bei später Nacht, der heut zu Bethlehem kein Herberg hat? Muß sein ein loser Mann, das merk ich ihm schon an. Mein Haus ist selber mit Fremden voll an.

Alle

3. Josef, der fromme Mann, weinet und klagt, daß er so spat noch kein Herberg nicht hat. Bei kühlem Wind und Schnee muß dort Maria stehn, soll das kein Kummer sein, niemand laßt's ein.

Maria

4. Josef, o Josef mein, nicht so betrübt, Gott wird's sein Willen sein, bleibn mir allhier.

Alle

Und in der größten Not helf uns der höchste Gott, der uns erlösen kann aus aller Not.

Als ich bei meinen Schafen wacht

aus dem Kölner Gesangbuch, 1625

2. Er sagt, es soll geboren sein zu Bethlehem ein Kindelein. Des bin ich froh ...

3. Er sagt, das Kind läg da im Stall und soll die Welt erlösen all. Des bin ich froh ...

Kommet ihr Hirten

aus Böhmen

2. Lasset uns sehen in Bethlehems Stall, was uns verheißen der himmlische Schall. Was wir dort finden, lasset uns künden, lasset uns preisen in frommen Weisen: Halleluja!

3. Wahrlich, die Engel verkündigen heut' Bethlehems Hirtenvolk gar große Freud'. Nun soll es werden Friede auf Erden den Menschen allen ein Wohlgefallen. Ehre sei Gott!

Ihr Kinderlein kommet

M: J. A. P. Schulz
T: Ch. von Schmied

2. O seht in der Krippe im nächtlichen Stall, seht hier bei des Lichtleins hellglänzendem Strahl in reinlichen Windeln das himmlische Kind, viel schöner und holder als Engel es sind.

3. Da liegt es, ihr Kinder, auf Heu und auf Stroh, Maria und Joseph betrachten es froh, die redlichen Hirten knien betend davor, hoch oben schwebt jubelnd der Engelein Chor.

4. O beugt wie die Hirten anbetend die Knie, erhebet die Händlein und danket wie sie; stimmt freudig, ihr Kinder, wer sollt sich nicht freun? stimmt freudig zum Jubel der Engel mit ein!

Joseph, lieber Joseph mein

aus dem 14. Jh.

Zu Bethlehem geboren

altes Kinderlied

2. In seine Lieb versenken will ich mich ganz hinab; mein Herz will ich ihm schenken und alles, was ich hab, eia, eia, und alles was ich hab.

3. O Kindelein, von Herzen will ich dich lieben sehr, in Freuden und in Schmerzen je länger mehr und mehr, eia, eia, je länger mehr und mehr.

Es wird scho glei dumpa

alpenländisches Volkslied

2. Vergiß iatzt, o Kinderl, dein Kummer, dei Load, daß du do muaßt leidn im Stall auf der Hoad. Es ziern ja die Engerl dei Liegerstatt aus, möcht schöner net sei drin im König sein Haus. Hei ...

3. Ja Kinderl, du bist halt im Kripperl so schö, mi ziemt, i kann nimma da weg von dir geh. I wünsch dir von Herzen de süaßeste Ruah, de Engerl vom Himmel, sie deckn di zua. Hei ...

4. Mach zua deine Äugel in Ruah und in Fried und gib ma zum Abschied dein Segn no grad mit. Aft wird ja mein Schlaferl a sorgenlos sein, aft kann i mi ruahli auf's Niedarlegn frein. Hei ...

Was soll das bedeuten

aus Schlesien

2. Treibt zusammen, treibt zusammen die Schäflein fürbaß!
   Treibt zusammen, treibt zusammen, dort zeig ich euch was:
   Dort in dem Stall, dort in dem Stall
   werdet Wunderding sehen, treibt zusammen einmal!

3. Ich hab nur ein wenig von weitem geguckt,
   da hat mir mein Herz schon vor Freuden gehupft:
   Ein schönes Kind, ein schönes Kind
   liegt dort in der Krippe bei Esel und Rind.

4. Das Kindlein, das zittert vor Kälte und Frost.
   Ich dacht mir: wer hat es denn also verstoßt,
   daß man auch heut, daß man auch heut
   ihm sonst keine andere Herberg anbeut?

5. So gehet und nehmet ein Lämmlein vom Gras
   und bringet dem schönen Christkindlein etwas.
   Geht nur fein sacht, geht nur fein sacht,
   auf daß ihr dem Kindlein kein Unruh nicht macht.

Es kommt ein Schiff, geladen

T: nach J. Tauler
M: Andernach, 1608

2. Das Schiff geht still im Triebe, es trägt ein teure Last; das Segel ist die Liebe, der Heilig Geist der Mast.

3. Der Anker haft' auf Erden, da ist das Schiff am Land. Das Wort soll Fleisch uns werden, der Sohn ist uns gesandt.

4. Zu Bethlehem geboren im Stall ein Kindelein, gibt sich für uns verloren; gelobet muß es sein.

Alle fangt an, wer singen kann

aus Oberbayern

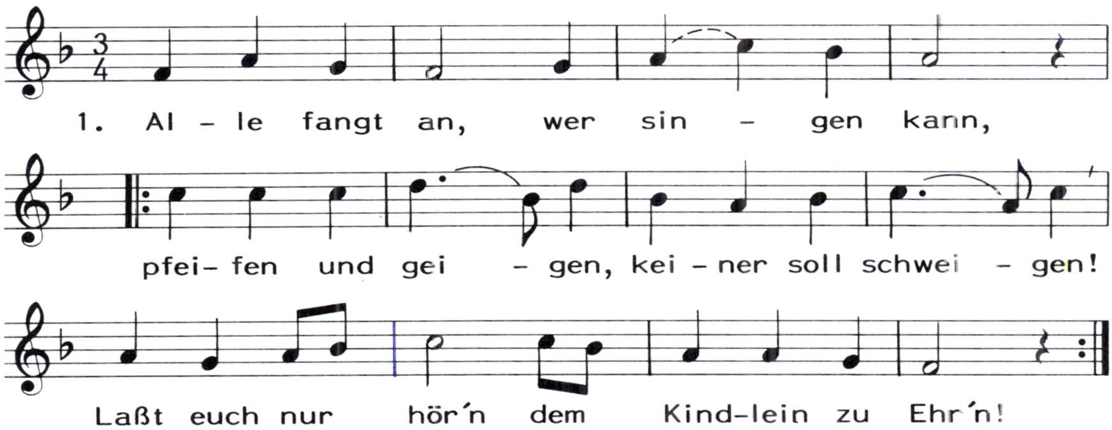

2. Maria, sitz zu! Leg's Kindlein zur Ruh, daß es tut schlafen und nit erwachen! Denn es liegt hart, ist klein und so zart.

3. Öchslein, nit brüll, wann's Kind schlafen will! Den Atem laß gehn übers Kindlein schön, es soll warm lieg'n, der Joseph solls wieg'n!

So klingt's bayrisch

's Binderliad

bayrisches Volksgut

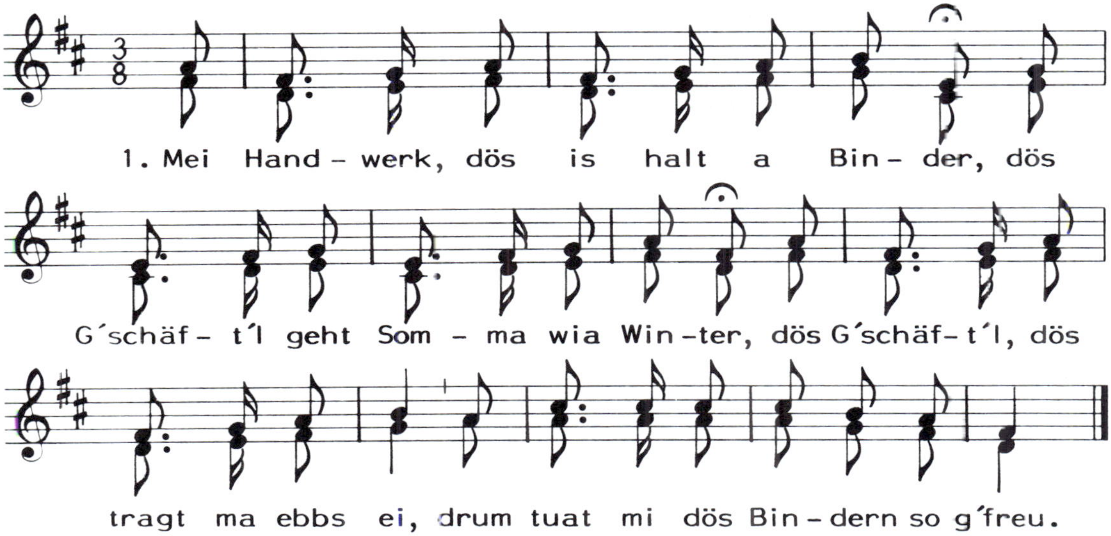

2. In der Fruah steh i auf um a Viere, da nimm i zwoa Roaferl, zwoa dürre, da geh i an Wirtshäus'l zua und bin durt a lustiger Bua.

3. Morg'n geh i zum Hofbauern aufi, dem richt' i sei z'sammg'fallns Krautschaffi und kimm i zu lustige Leut, da schnagg'lt der Hammer voll Freud'.

4. Und wenn i geh, ruck i mei Hüat'l und sing ma mei alts Binderliadl und juchaz, daß's weit ummahallt, sing eini in unsern schön Wald.

An der böhmisch'n Grenz

bayrisches Volksgut

2. An der böhmisch'n Grenz, ja da wach'lt der Wind, dulije, ...
der wach'lt so kalt da in Eis'nstoa hint, dulije, ...

Wenn e allawaal hupf und spring

bayrisches Volksgut

2. Warum soll e niat luste sa(n), fallt uns koa Dooch niat a(r).
|:Geld ka(nn) ma uns aa niat stehln, des braucht ma selm.:|

3. Und i bi(n) der sell Sepperl, mi kennt die ganz Welt.
|:Ho(b) d' Hosn voll Tascherl und nirgends a Geld.:|

4. Huijuxdux, huijuxdux, mei Köichl, des is koa Fuchs.
|:Wenn's a Fuchs waa(r), Fuchs waa(r), häitt's an Schwanz aa.:|

5. Mei Brouder spült Flötn und i spül Klarinett.
|:Mei Vatter schlaggt d' Mutter, des gibt a Quartett.:|

6. Ringlstrümpf, Bandlschouh trogt der kloa Kirwabou.
|:Trogt der Grouß aa schou oa, niat bloß der Kloa.:|

7. Musikantn, spülts aaf, und nou werds schou wos kröign
|:und nou louß i enk a Haferl voll Erdäpfl söidn.:|

Drinnat im Wald

bayrisches Volksgut

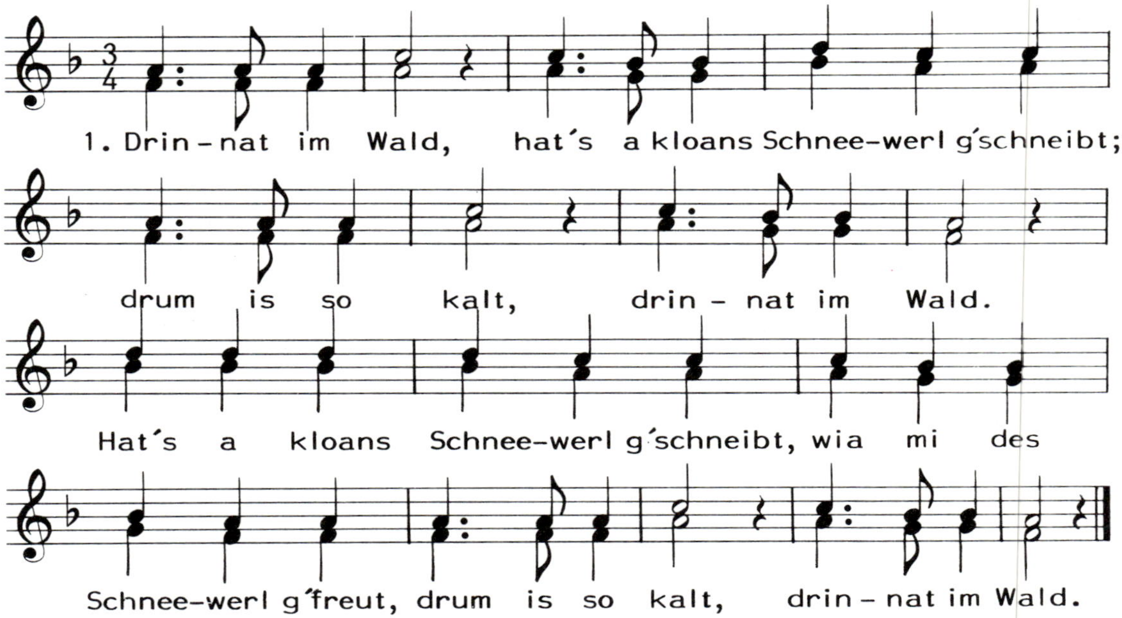

2. Wenn's a so schneibt, wer da dahoam wohl bleibt! Drum geht's juchhe, aufi auf d' Höh'! Wenn's a so schneibt, so schneibt wer da dahoam no bleibt drum geht's, juchhe, aufi auf d' Höh'!

3. Und der Böhmwind, Bruader, der blast fei g'schwind, drum is so kalt, drinnat im Wald. Und der Böhmwind, der Wind, Bruader, der blast fei g'schwind, drum is so kalt, drinnat im Wald.

Drah di Waberl

bayrisches Volksgut
T: 2.-6. E. Hubrich
M: F. Neumaier

2. Waberl, Waberl, laß net aus,
   tanz mit mir durchs Hirtahaus!
   Drah di hinum ...

3. Hußdada, dös gibt a Hetz,
   hußdada, jetz' geht's in d' Fletz!
   Drah di hinum ...

4. In der Küch' und drunt im Keller
   scheppern d' Schüss'ln, scheppern d' Teller.
   Drah di hinum ...

5. Hörst as net im Ofa purr'n,
   Hörst an Wind net ummasurr'n?
   Drah di hinum ...

6. Waberl, Waberl, i hab gnua,
   hi san d' Söck'l, hi san d' Schuah.
   Drah di hinum ...

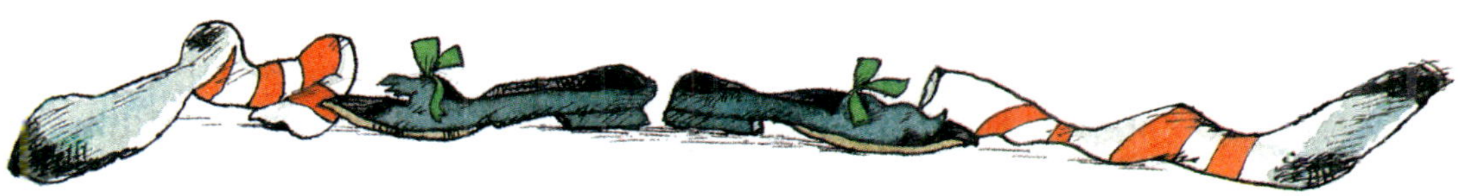

So klingt's schwäbisch

Wer mit der Katz in Acker will

schwäbisches Volksgut
4.-7. Drei Jettinger

2. Wenn i a steinigs Äckerle hao ond au en stompfa Pfluag, [:ond hao koi Riebale Brot drhoim,:] no han i z'kratzat gnuag, juhe! no han i z'kratzat gnuag.

3. Daß i a luschtig Bauer ben, des sieht mr an meim Haus: [:Dr oine Giebel wacklat scho,:] dr ander isch scho naus, juhe! dr ander isch scho naus.

4. Und d' Nearlinger ond d' Löpsinger, die essat geara Gäns, [:dia rupfats et, dia zupfats et:] dia essats mit de Schwänz, juhe! dia essats mit de Schwänz.

5. Mei Schimmel stoht em hentra Stall, des isch an alter Gaul. [:I ka en net verkaufa:] er hat koin Zah em Maul, juhe! er hat koin Zah em Maul.

6. A Kreitle ond a schweinigs Fleisch ond Knöpfla in dr Brüah [:ond wenn ma earscht en Datschi bringt:] vertlaufat d' Schwauba nia, juhe! vertlaufat d' Schwauba nia.

7. Mit vierz'g Jauhr wearat d' Schwaube g'scheit, des woß a jedes Kend. [:De andre, dia send übel dra:] dia bleibat wia se send, juhe! dia bleibat wia se send.

Mei Muetter bacht Küachla

schwäbisches Volksgut

2. Mei Muetter bacht Küachla,
es dampft und es schwitzt,
es brodlet und pfutzget,
es brutzlet und spritzt.
Komm weidle mei Schätzle
und gib mir a Schmätzle,
di-ri-dom, di-ri-dei,
des Küachle schmeckt fei.

3. Mei Muetter bacht Küachla,
juchhu und juchhei,
i wöt, es wär Fasnacht
jahraus und jahrei'.
Hei, tanze und springe
und lache und singe,
tra-la-la, tra-la-la,
die Fasnacht ist da.

D'r Struppelhas

schwäbisches Volksgut
T: E. Scholl-Rohrmoser
M: K. Hafner

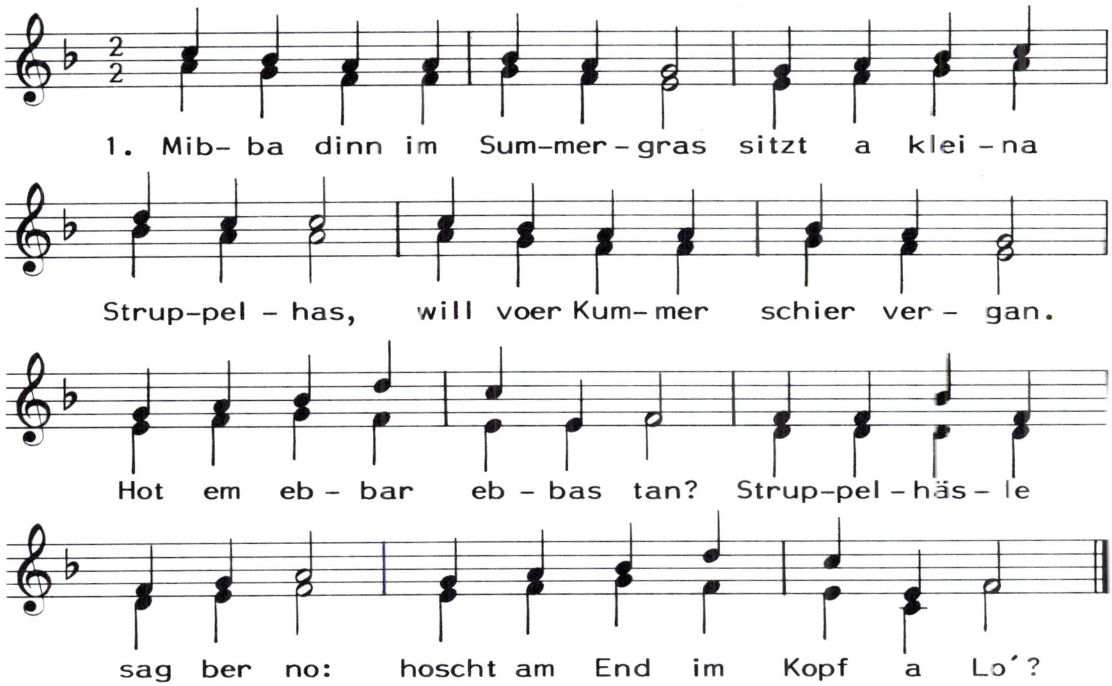

2. Nui i ho kui Lo' im Kopf, doch bin i a armer Tropf, ebbas Grausegs isch mer gscheah: gugg, i ho kui Schwänzle meah; ka be numma seache long, sag, wie kumm i uff de Mong?

3. Struppelhäsle bisch du dumm, lueg doch gnauer hintanumm, hosch no nie a Schwänzle g'höt, grad dean kleine Stutzel döt. Struppelhäs-le dös isch wohr, bisch a so scho taused Johr.

4. Leichter wird's em Struppelhas, springt und juckt dur's Summer-gras, nimmt se seal bei beide Ohre, nui, i ho kuin Schwonz verlore. Alle Tierle auf und um saget: isch dös Häsle dumm!

D’Bäure hot d’Katz verlora

schwäbisches Volksgut

2. Im Höfle, im Gärtle, was jammert se schwer:
[:"O Mulle, liebs Mulle, so gang mr doch her!:]

3. I koch dir a Süpple, tua Brocka dra nei,
[:o Mulle, liebs Mulle, komm doch wieder heim!":]

4. Was fällt jetzt dr Bäure ganz siedigheiß ei?
[:Dort oba aufm Boda, im Heu drin könnt's sei!:]

5. Se steiget herzklopfet am Leiterle nauf,
[:ka's fast net veschnaufa, macht's Falltürle auf!:]

6. Guckt eine, guckt außer, jetzt horch, wie se lacht:
[:"Potztausig, mei Mulle, a Schläfle hot's gmacht!:]

7. Jetzt, daß de han gfonda, bin i aber froh,
[:o Mulle, liebs Mulle, jetzt bist wieder do!":]

Ob i sing oder ob i pfeif

schwäbisches Volksgut

2. An der Schneid hats mir niemals gfehlt,
was mir fehlt, ist meistens 's Geld,
doch i pfeif auf des ganze Geld,
hab i koi Schneid auf der Welt.

So klingt's fränkisch

Drei Paar woll'ne Strümpf

fränkisches Volksgut

Daß i a lustigs Bärschla bin

fränkisches Volksgut

2. Mei Vatter is a Musikant, der spillt in ganzen Tog, ka Notenböichla braucht er net, drumm spillt er wos er mog!
3. Heit tanz mer unsern Betzen raus, der Betz, der is schäi putzt, paßt ner af ihr alten Weiberla, daß eich der Betz net hutzt.
4. Und wenn die Leit nix z'touna hobn, nou riedens halt vo mir, geht hamm, flickt eiri Lumpen zamm und kiehrt vor eirer Tür!

Hans bleib do

fränkisches Volksgut

Etz sing mer amol des Ding

fränkisches Volksgut

2. Etz sing mer amol des Ding, im Schubkarrn is ka Rädla drin, etz sing mer amol des Ding, im Schubkarrn is kans drin.

3. Mei Mutter kocht a Kraut und tout a Trumm vom Säusoock nei, und bis sa si verschaut, is allas lauter Kraut.

4. Dou drunten af der Bruck, dou zillt a Bou sei Kerwageld, mit der Achsel hout er zuckt, a Kreizer hout nern gfehlt.

Läiber Brouder, gäih aa mit mir

fränkisches Volksgut

2. Treten mir zum Stall hinein, zu dem Jesuskindelein, singa mir alldort. Milch und Mehl, des habn mir scho, daß ma Brei draus kochen ko, für das Jesuskindelein, für das Jesuskind.

3. Zwischen Ochs und Eselein liegt des klanne Kindelein, liegt des klanne Kind. Josef mouß bei der Krippen beibn, mouß dem Kind die Mucken vertreiben, schlouf, mei Kind, schlouf ei ganz gschwind, schlouf, mei Kind, schlouf ei.

4. Wenn ich ner a Haisla hätt, des af Grund und Boden steht in der Stadt allaa. Tät ich ja dich kleines Kind samt der Mutter nehma gschwind in mei Haisla ganz hinei, in mei Haisla nei.

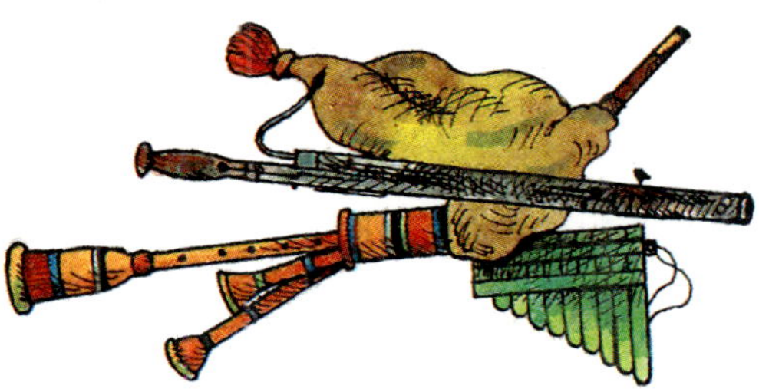

So klingt's anderswo – spanisch – italienisch – jugoslawisch – griechisch – türkisch

Mi casa (spanisch)
Mein Haus

*deutsche Textfassung
K. Kemming*

Vorschlag für eine deutsche Fassung

Mein Haus hat einen ganz besonders schönen Hof,
doch wenn es einmal regnet, ist er andern gleich.
Bück dich sehr tief und noch einmal sehr tief.
Wie willst du da noch tanzen, bück dich sehr tief.
Tanz mit mir, tanz mir mir, eine Runde rund herum,
dreh dich um, dreh dich um, such 'ne andre, sei nicht dumm.

Canzone del poveretto (italienisch)
Das Lied vom armen Jungen

deutsche Textfassung
F. Schröder

2. Hab kein Geld in meiner Tasche, keinen Tropfen in der Flasche, brauch kein Bett aus Mahagoni, nur eine Schüssel mit Maccaroni.
3. In der Welt wär viel mehr Liebe, und es gäbe keine Diebe, keine Gauner und ladroni hätt' jeder jeden Tag Maccaroni!
4. Hat mein Liedchen euch gefallen, komm ich wieder, sing euch allen, neue Lieder und canzoni für eine Schüssel mit Maccaroni.

Sve ptičice (jugoslawisch)
Alle Vögel

deutsche Textfassung
P. Fuchs

2. Tri ptičice prelijetale jedna ne lijeće jedna ne lijeće aman, zašto ne lijece.

Vorschlag für eine deutsche Fassung

1. Alle Vögel fangen an zu singen, nur einer singt nicht mit, nur einer singt nicht mit. Warum singt er nicht, warum?
2. Alle Vögel fangen an zu fliegen, nur einer fliegt nicht mit, nur einer fliegt nicht mit. Warum fliegt er nicht, warum?

Ta prowatákia (griechisch)
Die Schafe

2. Me ti ghlitza o woskós, din ... ke o skilos o pistós, din ...
ta filán ke ta woithúne, sto wunó na mi chathúne, din ...

3. Ke ssan érthi to wradháki, din ... pái káthe prowatáki, din ...
mes sti stáni na chothi ke ghliká na kimithi, din ...

Vorschlag für eine deutsche Fassung

1. An dem steilen Bergeshang, din ... weidet eine Herde Schafe, din ...
Schafe weiden auf den Wiesen, fressen ab das grüne Gras, din ...

2. Und der Schäfer mit dem Stock, din ... hütet sie den langen Tag, din ... und der Hund an seiner Seite hilft, daß sie sich nicht verlieren, din ...

3. Wenn der Abend zieht herauf, din ... Schafe, Hirte und der Hund, din ... legen sich zum Schlafen nieder in der Hürde, in der Hütte, din ...

Yağma türküsü (türkisch)
Lied an den Regen

deutsche Textfassung K. Kemming

2. Toprak içecek, çok cok suyu. Tohum emecek. Ağaç olacak. Her ağaç çiçek açip, meyve verecek.

Vorschlag für eine deutsche Fassung

1. Blitze zucken hell, horch, Donner grollt, Wolkentürme ziehn, künden Regen an. Dürres Land wird Wasser trinken, viel, viel Regenwasser.
2. Samen brechen auf, grün wird das Land, jeder Baum wird blühn, leuchten weit dahin. Früchte wachsen, dicke blaue, saftig, reif und süß.

Wir tanzen und spielen

Hansl, tanz mit mir

2. Ja, i tanz mit dir,
oamal hin und oamal her,
kimm, i drah di glei
lustig umadum!

Es tanzt ein Bi-Ba-Butzemann

altes Kinderlied

Liebe Schwester, tanz mit mir

altes Tanzlied

2. Ei, das hast du schön gemacht, ei, das hätt ich nicht gedacht.
3. Noch einmal das schöne Spiel, weil es mir so gut gefiel.

In mein Vadern sein Häuserl

aus Österreich
T: L. Schuster

2. Sie rumpumpeln und schlupfen bald her und bald hin, sie hopsen und hupfen in der Tischladen drin.

3. In mein Vadern sein Häuserl, da fehlt halt die Katz, - sonst wär's für die Mäuserl kein so lustiger Platz.

Heute tanzen alle

aus Norwegen
TÜ: B. Heuschober

2. Erst kommt unser Vater, tanzt mit dem alten Kater.
3. Nach ihm kommt die Mutter, tanzt mit dem Faß voll Butter.
4. Grete mit der Ziege tanzt auf der Hühnerstiege.
5. Und der Hans, der kleine, tanzt nur mit sich alleine.

Hans, was tuast denn du da

oberbayrisches Volkslied
2.-4. W. Fanderl

2. Boarisch Musi macha, lusti singa, umaspringa, waar ja do zum Lacha, brachtn mir nix z'samm!
3. Radl gfahrn und gschmissn, Knia aufgfalln und Zech ogsteßn, d' Hosn sauba zrissn, aber mir san gsund!
4. D' Untersberger Mandl mit de schwarzn Zipfihaubma holn a Bier, sechs Kandl, weils an Kaiser dürscht.

Da drobn auf'm Bergal

2. Da drobn auf'm Bergal, da hausn zwoa Schmied, holdjo ...
da oane bacht Krapfn, da anda ißt mit, holdjo ...

3. A solchene Köchin hab i no nia kennt, holdjo ...
de 's ganz Jahr koa Haferl bricht und nix verbrennt, holdjo ...

4. A frischa Bua bin i, tua gern eppas wagn, holdjo ...
i tat um an Kreuza an Purzlbam schlagn, holdjo ...

5. Steig aufi aufs Bergal, schau abi an See, holdjo ...
da schwimmt da Herr Lehra mitn Packi-Kaffee, holdjo ...

6. Da drobn auf'm Bergal, da steht a Kapelln, holdjo ...
da predigt da Pfarra vom Erdäpfi-Stehln, holdjo ...

7. Steig aufi aufs Bergal, schau umi nach Gschwendt, holdjo ...
da sitzn de fünf rotzinga .....-Buam drent, holdjo ...

Rums, dideldums, didel Dudelsack

M: W. Stumme
T: K. Wilke

2. Rums dideldums didel Fidelbogen, heute wird durchs Dorf gezogen, keiner soll uns Narren kennen, uns bei unser'm Namen nennen.

3. Rums dideldums didel Paukenschlag, ab morgen zähl'n wir jeden Tag bis das alte Jahr verklingt, uns die neue Fastnacht bringt.

Auf der Brück von Avignon

aus Frankreich

2. Die Damen lächeln hierhin und dann wieder dorthin.
3. Die Waschfraun schruppen hierhin und dann wieder dorthin.
4. Die Schuster klopfen hierhin und dann wieder dorthin. Auf der Brück ... bis Ende.

Zeigt her eure Füßchen

altes Spiellied

Sie winden ..., sie trocknen ..., sie bügeln ..., sie klatschen ...,
sie ruhen und tanzen ... .

Wer will fleißige Handwerker sehn

altes Spiellied

2. O wie fein, der Glaser setzt die Scheiben ein.
3. Tauchet ein, der Maler streicht die Wände fein.
4. Zisch, zisch, zisch, der Tischler hobelt glatt den Tisch.
5. Poch, poch, poch, der Schuster schustert zu das Loch.
6. Stich, stich, stich, der Schneider näht ein Kleid für mich.
7. Rühre ein, der Kuchen wird bald fertig sein.
8. Trapp, trapp drein, jetzt gehn wir von der Arbeit heim.
9. Hopp, hopp, hopp, jetzt tanzen alle im Galopp.

Der Müller hat ein Mühlenhaus

M: A. Lohmann
T: nach P. Dehmel

2. Der Bäcker, der backt weiße Wecken, wi-wa-weiße Wecken, (𝄾) braunes Brot und Streuselschnecken, Stri-Stra-Streuselschnecken. Weiße Wecken - Streuselschnecken- Mühlenhaus - Mehl heraus: So sieht unsre Wirtschaft aus.

3. Der Schlachter schlacht' ein feistes Schwein, fi-fa-feistes Schwein und pökelt Speck und Schinken ein, Schi-Scha-Schinken ein. Feistes Schwein - Schinken ein - weiße Wecken - Streuselschnecken - Mühlenhaus - Mehl heraus: So sieht unsre Wirtschaft aus.

4. Der Bauer hat 'ne bunte Kuh, bi-ba-bunte Kuh, die gibt uns Milch und Butter dazu, Bi-Ba-Butter dazu. Bunte Kuh - Butter dazu - feistes Schwein - Schinken ein - weiße Wecken - Streuselschnecken - Mühlenhaus - Mehl heraus: So sieht unsre Wirtschaft aus.

Ding, dong, digidigidong

Kanon zu 4 Stimmen

M. C. Orff
T: C. Orff/G. Keetman

Seppal, Schnepeppal

bayrisches Volksgut
2.-4. H. Scheck
M: W. Fanderl

2. Resal, Schnebesal, was machen deine Fisch? Sie schwimmen hin, sie schwimmen her, damit i's net dawisch.
3. Franzl, Schnebanzl, was macht dei schwarze Katz? Sie sitzt auf unsrer Kellastiagn und fangt si glei an Ratz.
4. Kathal, Schnebattal, was macht dei weißa Has? Er rupft a Kraut, er rupft a Ruabn, er hupft ins greane Gras.

Fing mir eine Mücke heut

aus Ungarn
T: 2. und 3. J. Königs

2. Riß ihr dann den Stachel aus, war spitz wie 'ne Nadel. Macht mir einen Degen draus, sah aus wie von Adel.
3. Zog ihr auch das Fell noch ab, macht mir eine Decke, lag darauf so weich und warm, wie im Himmelbette.

An meiner Ziege hab' ich Freude

aus Nordböhmen

2. Sie hat ein ausgestopftes Ränzel
wie ein alter Dudelsack,
und ganz hinten hat s' ein Schwänzel
wie ein Stengel Rauchtabak.
Meck, meck ...

Ach lieber Schuster du

aus Pommern

Dornröschen war ein schönes Kind

altes Kinderlied

2. Dornröschen, nimm dich ja in acht!
3. Da kam die böse Fee herein.
4. "Dornröschen schlafe hundert Jahr!"
5. Da wuchs die Hecke riesengroß.
6. Da kam ein junger Königssohn.
7. "Dornröschen, wache wieder auf!"
8. Sie feierten das Hochzeitsfest.
9. Da jubelte das ganze Volk.

Hänsel und Gretel verirrten sich im Wald

altes Kinderlied

2. Hu, hu! Da schaut eine alte Hex heraus. Sie lockt die Kinder ins Pfefferkuchenhaus. Sie stellte sich gar freundlich: O Hänsel, welche Not! Sie will dich braten im Ofen braun wie Brot.

3. Doch als die Hexe zum Ofen schaut hinein, ward sie gestoßen von unserm Gretelein. Die Hexe mußte braten, die Kinder gehn nach Haus. Nun ist das Märchen von Hans und Gretel aus.

Wir sind die wohlbekannten lustigen Bremer

M + T: H. Poser

Esel

2. Muß mich plagen, Säcke tragen
und darf niemals müßig sein,
doch in Bremen soll das Leben lustig sein.

Hund

3. Muß stets bellen, Räuber stellen
und darf niemals schläfrig sein, doch ...

Katze

4. Muß mich plagen, 's Mäuslein jagen,
und wär es auch noch so klein, doch ...

Hahn

5. Muß mich schinden und verkünden
schon den ersten Sonnenschein, doch ...

6. wie 1.

Morgen früh um sechs

volkstümlich
M: W. Rein

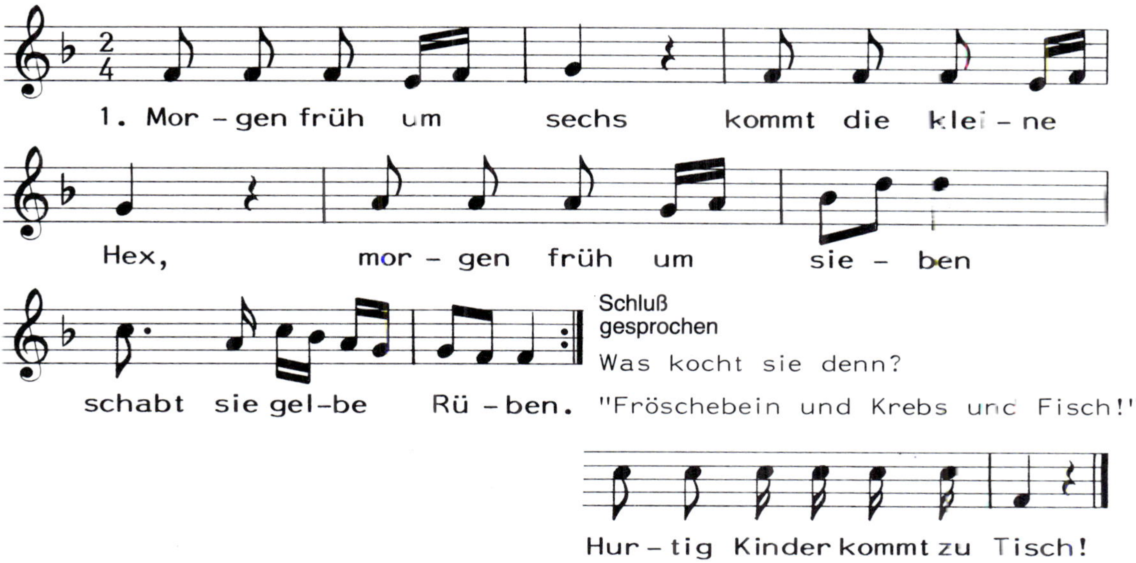

2. Morgen früh um acht wird Kaffee gemacht, morgen früh um neune, geht sie in die Scheune.

3. Morgen früh um zehn hot sie Holz und Spän', feuert an um elfe, kocht dann bis um zwölfe.

Brunnenfrau, Brunnenfrau

M C Orff
T C Orff/G Keetman

Bayern-Hymne

Deutsche Nationalhymne

Gott mit dir, du Land der Bayern

M: K. M. Kunz
T: M. Öchsner,
neu von J. M. Lutz

2. Gott mit dir, dem Bayernvolke, daß wir uns're Väter wert, fest in Eintracht und in Frieden bauen uns'res Glückes Herd!
[: Daß mit Deutschlands Bruderstämmen einig uns ein jeder schau und den alten Ruhm bewähre unser Banner, weiß und blau! :]

Einigkeit und Recht und Freiheit

M: J. Haydn
T: H. Hoffmann von Fallersleben

Inhaltsverzeichnis — Liedanfänge von A – Z

Quellenverzeichnis:

S. 7, 66 Wastl Fanderl, Stelzenberg 1, Frasdorf/Obb.;
S. 9 Möseler Verlag Wolfenbüttel und Zürich/Voggenreiter Verlag;
S. 15 oben aus "Sänger und Musikantenzeitung", München, 15. Jg., München 1972;
S. 16 aus "Ein klingend Rad", Ernst Kaufmann Verlag, Lahr, Schwarzwald;
S. 17 aus "Wanni morgen fruah aufsteh", Liedblatt Fr. Kohl, "Tiroler Lieder, Leipzig 1915;
S. 22 aus " Das singende Jahr" Möseler Verlag, Wolfenbüttel und Zürich;
S. 24 aus "Das Liedernest 1", Fidula-Verlag, Boppard/Rhein;
S. 29 aus "Unser Liederbuch", Klett Verlag, Stuttgart;
S. 30 aus "Kleines Liederbuch", Bärenreiter Verlag, Kassel;
S. 31 oben Burckhardthaus-Laetere Verlag GmbH;
S. 31 unten aus "Singen und Spielen", B. Schott's Söhne, Mainz;
S. 32, 55 aus "Kinder musizieren", Fidula-Verlag, Boppard/Rhein;
S. 34 aus "Liebe Mutter", Mappe 13 der "Werkblätter für Fest und Feier", Deutscher Theaterverlag, Weinheim, Bergstraße;
S. 40 Voggenreiter Verlag, Bonn 2;
S. 41 aus "Tina, Nele und Katrein", Möseler Verlag, Wolfenbüttel und Zürich;
S. 42, 56, 113 aus "Pro musica Liederbuch", Möseler Verlag, Wolfenbüttel und Zürich;
S. 44 Bärenreiter-Verlag, Kassel und Basel;
S. 45, 73, 74 aus "Annamirl Zuckaschnürl", Ehrenwirth Verlag, München 1961, Wastl Fanderl, Stelzenberg 1, Frasdorf/Obb.;
S. 47 aus "Der kleine Globus", Fidula-Verlag, Boppard/Rhein;
S. 49 aus "Die Zugabe", Bd. 1, Fidula-Verlag, Boppard/Rhein;
S. 54, 122 aus "Das singende Jahr", Möseler Verlag, Wolfenbüttel und Zürich;
S. 57 aus "Musikanten die kommen", Bärenreiter-Verlag, Kassel und Basel;
S. 62, 111 aus "Wir kleinen Sänger", Bayer. Schulbuch Verlag, München;
S. 63 aus "Steig aufi aufs Bergal", Liedblatt, Wastl Fanderl, Stelzenberg 1, Frasdorf/Obb.;
S. 69 aus "Adventskantate für Kinder", Fidula-Verlag, Boppard/Rhein;
S. 80 aus Evang. Kirchengesangbuch München, 1957;
S. 84 nach Johannes Tauler (um 1300 – 1361) von Daniel Sudermann 1626;
S. 87 aus "Niederbairisches Liederbuch", Verlag Max Hieber, München;
S. 89 aus "Volkslieder aus der Oberpfalz", herausgegeben von Dr. Adolf J. Eichenseer in Zusammenarbeit mit dem Landesverein für Heimatpflege, München, 1979 Mittelbayerische Druckerei- und Verlagsgesellschaft mbH.;
S. 103, 105, 106, 107 aus "Unser Liederbuch-Schalmei", Klett-Verlag, Stuttgart 1980;
S. 104 aus "Europäische Volkslieder", Otto Maier Verlag, Ravensburg;
S. 109 aus "Sänger- und Musikantenzeitung, 21. Jg.", München 1978;
S. 114 aus "Oberbayerische Volkslieder", Melodie und 1. Strophe bei Kiem Pauli, München 1934;
S. 115 aus "Sänger- und Musikantenzeitung", 1. Jahrgang, München;
S. 116 aus "Der große Wagen", Möseler Verlag, Wolfenbüttel und Zürich;
S. 120 aus "Die Liedergarbe", Christophorus-Verlag, Freiburg;
S. 121 oben, 130 aus Orff-Schulwerk, Musik für Kinder, Bd. I n© 1950 by Schott & Co. Ltd., London, © renewed 1978;
S. 128 aus "Märchenlieder", Fidula-Verlag, Boppard/Rhein;
S. 129 Musikverlag zum Pelikan, Zürich.